दयाशंकर की डायरी

(नाटक)

दयाशंकर की डायरी

नादिरा ज़हीर बब्बर

वाणी प्रकाशन

प्रकाशन के उत्कृष्टतम 60 वर्ष

vaniprakashan.com

पेपरबैक पहला संस्करण : 2008
पेपरबैक दूसरा संस्करण : 2014
पेपरबैक तीसरा संस्करण : 2019
पेपरबैक चौथा संस्करण : 2023

वाणी प्रकाशन
4695, 21-ए, दरियागंज, नयी दिल्ली-110 002
फ़ोन : +91 11 23273167, 23275710

शाखाएँ
अशोक राजपथ, पटना-800 004, बिहार
कॉफ़ी हाउस कैम्पस, महात्मा गांधी मार्ग, इलाहाबाद-211 001, उत्तर प्रदेश
महात्मा गांधी अन्तरराष्ट्रीय हिन्दी विश्वविद्यालय, वर्धा-442 001, महाराष्ट्र
36/ए, शेक्सपियर सरणी, रानी बिरला गर्ल्स कॉलेज के पास, कोलकाता-700 017, प. बंगाल
sales@vaniprakashan.in
vaniprakashan@gmail.com

Dayashankar Ki Diary
by Nadira Zaheer Babbar

ISBN : 978-81-8143-827-0
Play

मूल्य : ₹ 125

आर. टेक ऑफ़सेट प्रिंटर्स, दिल्ली-110 032 में मुद्रित

वाणी प्रकाशन का लोगो मक़बूल फ़िदा हुसेन की कूची से

समर्पण

अपने शौहर राज बब्बर साहब के नाम
जिनके मौजूदगी के बिना शायद
मैं कुछ भी न कर पाती

आभार

मैं अपनी सम्पूर्ण नाट्य संस्था 'एकजुट' के प्रति आभार प्रकट करती हूँ, विशेषतः दर्पण और हनीफ का।

मैं श्रीदेव और भरत की भी दिल से शुक्रगुजार हूँ जिनकी मदद के बिना ये काम संभव नहीं था।

घर में कार्य करने वाले सहयोगियों वर्षा, मनीषा, पाटिल जी, झा इत्यादि जो घर पर मेरे लिए ऐसा वातावरण बनाते हैं कि मैं चिन्तामुक्त होकर काम कर सकूँ इन सभी के प्रति आभार प्रकट करती हूँ।

इसके अलावा नेक मित्र और सुधी जन जिनके सहायता और सुझाव मुझे सदैव मिलते रहते हैं अपने सभी दर्शकों के प्रति भी आभार प्रकट करती हूँ जिन्होंने इस नाटक को इतना बढ़ावा दिया।

अन्त में वाणी प्रकाशन के प्रकाशक अरुण माहेश्वरी जी को भी धन्यवाद, जो उन्होंने दो साल मेरे पीछे पड़ के मुझसे ये काम करवा ही लिया।

आप सबका धन्यवाद

—नादिरा ज़हीर बब्बर

निर्देशकीय

दयाशंकर मेरे लिए कोई काल्पनिक पात्र नहीं है। दयाशंकर जीवित है और सत्य है। मुंबई में इन 26 वर्षों में मैंने न जाने कितने दयाशंकर देखे। बम्बई ही क्यों हर महानगर में हमें दयाशंकर मिल जाएँगे।

दयाशंकर की कहानी सुनाने का निर्णय मैंने क्यों लिया? इसका कारण ये है कि कहीं न कहीं हम सब दयाशंकर के लिए उत्तरदायी हैं। मैं, आप, हमारा पूरा समाज।

दयाशंकर एक अकेला आदमी है। उसकी दुनिया की भ्रान्तियाँ और वास्तविकताएँ इस हद तक बढ़ जाती हैं कि वो एक हो जाती हैं। जैसा कि Freuid ने कहा है कि "इंसान अपनी अंदरूनी दुनिया में उतना ही जीता है जितना कि बाहरी दुनिया में लेकिन उस आदमी का क्या होता है जो इन दोनों में अन्तर नहीं कर पाता?

'दयाशंकर की डायरी' एक ऐसे ही असफल आदमी के जीवन की प्रस्तुति है। एक बहुत छोटे से कस्बे का आदमी जो अपनी आँखों में फिल्म स्टार बनने के सपने सजाए मुंबई शहर में आता है। लेकिन उसे काम मिलता है सिर्फ एक मामूली क्लर्क का। वो अपनी ज़िन्दगी की इस कटु सच्चाई के साथ समझौता नहीं कर पाता और अपने जीवन की आर्थिक और सामाजिक परिस्थितियों में जकड़ जाता है। Bertolt Brecht ने कहा है "एक आदमी को कम तनख़्वाह पर नौकरी देना उसे आजीवन कारावास की सज़ा देना है।" दयाशंकर अपने को बहुत ही अपमानित और बहिष्कृत महसूस करता है।

दयाशंकर छोटे से कमरे से अपने रूममेट के साथ रहता है। वो अपने जीने के लिए एक बहुत सुन्दर दुनिया का ताना-बाना बुनने लगता

है। ऐसा ताना-बाना जिसमें अन्त में खुद ही फँस जाता है कि अपने आप को खो बैठता है।

क्या दयाशंकर सचमुच पागल है...? क्यों हम सब इस पात्र से एक रिश्ता-सा महसूस करते हैं? क्या हम सब भी अपनी असफलताओं से भागकर अपनी काल्पनिक दुनिया में शरण नहीं लेते? जो आदमी अपनी असफलताओं के साथ समझौता नहीं कर पाता क्या होता है उसका?

ये नाटक इसी तरह के कुछ जिज्ञासा, कौतूहल भरे प्रश्नों को उठता है। विशेष बात ये है कि ये नाटक इंसानी दिमाग़ की अजीबो-गरीब कार्य क्रियाओं पर बड़ी सरलता से प्रकाश डालता है।

मेरा ये पहला नाटक है। इससे पूर्व मैंने बहुत से अनुवाद, अनेक गीत और संवाद इत्यादि लिखे हैं। आशीष विद्यार्थी जैसे अभिनेता के होने से नाटक की संवेदनशीलता उभर के आ सकी।

'एकजुट' संस्था आशीष विद्यार्थी की आभारी हैं। अब ये पुस्तक आपके हाथ में है नाटक जैसा भी लगे इसकी प्रतिक्रिया मुझ तक ज़रूर पहुँचाएँ।

सधन्यवाद

—नादिरा ज़हीर बब्बर

पात्र-परिचय

लेखन एवं निर्देशन	:	नादिरा ज़हीर बब्बर
अभिनय	:	आशीश विद्यार्थी
सेट	:	छैल-परेश
प्रकाश एवं संगीत	:	सुनील सिन्हा
संगीत संचालन	:	शुभ्रज्योति
मंच व्यवस्थापक	:	रियाज अहमद
मंच सज्जा	:	छैल-परेश
मंच संयोजक	:	दर्पण मिश्रा
प्रकाश संचालन	:	रवि मिश्रा/अकबर खान
मंच सामग्री	:	मिथिलेश/संतोष
कॉस्ट्यूम	:	अंकुर
पब्लिशिटी डिजायन	:	रियाज अहमद
ट्रुप एंड फायनेंस मैनेजमेंट	:	हनीफ पाटनी

दयाशंकर के बारे में आशीष विद्यार्थी जी का वक्तव्य

आदरणीय नादिरा जी,

शुक्रिया, दयाशंकर जी की डायरी लिखने के लिये,

मुझे वो किरदार जीने का मौका देने के लिए, और 'एकजुट' परिवार का हिस्सा बनाने के लिए। दयाशंकर की हर प्रस्तुति मेरे लिए नया अनुभव रही है, दर्शकों के सामने डेढ़ घंटे आपकी लिखी पंक्तियाँ बोलना, उनमें हर बार नया आयाम और मायने पाना, ऐसा पिछले आठ सालों से होता रहा है। और मिलती रही है सराहना प्रेक्षकों की।

देश-विदेश के कई शहरों जैसे लुधियाना, दिल्ली, मुंबई, दुबई, कलकत्ता आदि सभी स्थानों के अनुभव अलग और अनूठे रहे। लेकिन साल दर साल सिर्फ एक बात है, जो सभी खेलों के बाद एक सी रही है, जो बिल्कुल नहीं बदली। वो है आपकी तीखी बेबाक लेकिन सच्ची PostMortem उस शाम के प्रस्तुति की। मैं कुबूल करता हूँ, जब-जब ऐसे शो हुए, जिसके बाद मुझे लगा कि आपसे ना मिलना ही समझदारी होगी, मेरी कोशिश जरूर रही कि आपसे दूर से बाय कहकर घर या होटल चला जाऊँ। लेकिन आपने ऐसा कभी होने नहीं दिया। आपका संजीदा चेहरा, चढ़ी हुई भवें और आपका ये कहकर शुरूआत करना 'आइये बैठिये...और सब कह चुकने के बाद कहना "...प्लीज आशीष अगला शो अच्छा कीजियेगा।"

आपने कभी किसी औसत प्रस्तुति को सिर्फ इसलिए स्वीकार नहीं किया, कि प्रेक्षकों को पता नहीं चला। आपने हर बार एक 'सच्ची' प्रस्तुति पर ज़ोर दिया, ना कि तालियों की चाहत में किया गया शो। यही

एक बात है जो आपको एक महान रंगकर्मी बनाती है। शुक्रिया कि You kept the bar raised for me. आज दयाशंकर प्रकाशित हो रहा है, अब देश-विदेश के अभिनेता इसको खेल पायेंगे, ढेर सारे और प्रेक्षकों तक ये लेखन पहुँचेगा, बहुत खुश हूँ मैं।

लेकिन एक बात है, उन सभी अभिनेताओं को प्रकाशक आपका लेखन तो उपलब्ध करा सकते हैं और करा रहे हैं, पर आपकी प्रस्तुति के बाद की डांट? वो लफ़्ज़ तो मैं ही सुनता हूँ, और सिर्फ मेरे पास हैं। वो मेरी पूँजी है। और उसे सदैव रखेगा, ये विद्यार्थी...जियो हज़ारों साल 'दयाशंकर'।

आपने न तो मेरा, न दयाशंकर नाटक का, और न ही रंगमंच का स्तर कभी गिरने दिया।

शुक्रिया और शुभकामनाओं सहित,

आपका दयाशंकर
आशीष विद्यार्थी

PROPERTIES LIST

1. Onr bed with mattress and pillow
2. One Chair
3. One table
4. One earthrene pot with stand
5. One drum
6. Some clothes
7. One photo of Hanuman Ji
8. One mirror
9. One spec
10. One tea set
11. One comb
12. One box (length 2 ft., width & height 1.5 ft.)

COSTUMES LIST

1. Old jeans
2. Old yellow shirt
3. One prisoner costume
4. One pair of shoe

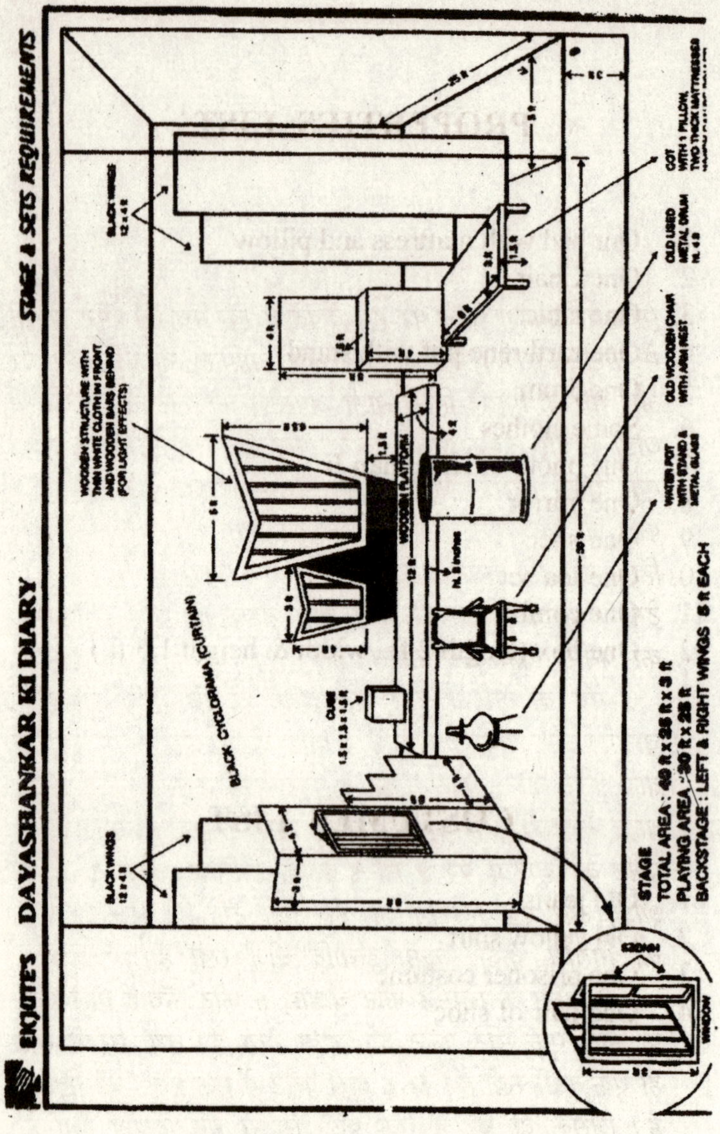

'दयाशंकर की डायरी' के मंच निर्माण का छायाचित्र

(मंच पर प्रकाश आने पर हम देखते हैं कि मंच को तीन हिस्सों में बाँटा गया है। मंच के बाईं ओर ऑफिस, दाहिनी ओर घर और मंच के पिछले हिस्से यानी अपस्टेज को प्लैटफॉर्म के ज़रिये थोड़ी ऊँचाई देकर अलग किया गया है। तथा उसी के ऊपर एक बॉक्स जिसकी चौड़ाई और ऊँचाई 1 फीट और लम्बाई 2 फीट जो कि बैठने के लिए इस्तेमाल होता है। उसी ऊँचे वाले हिस्से के पीछे डायरी का प्रतीक है। एक छोटी तथा एक बड़ी। ट्रेन, कमरे के बाहर की गली तथा सड़क के लिए इसी जगह का प्रयोग किया जा सकता है।

मंच के दाहिनी ओर घर दर्शाने के लिए एक तख्तनुमा चारपाई और चारपाई के पीछे 4 फीट चौड़ाई और 6 फीट ऊँचाई वाले फ्लैट को 2 फीट चौड़ी, 4 फीट लम्बी और 4 फीट ऊँचाई वाली मेज को उसी फ्लैट के साथ जोड़कर खड़ा किया गया है। फ्लैट की खूँटियों पर 2 या 3 कपड़े, तौलिया, चेहरा देखने का शीशा और एक हनुमान जी की फोटो टँगी है। मेज पर पानी का गिलास, कंघी, चश्मा इत्यादि चीजें रखी हैं।

ऑफिस के लिए 4 फीट चौड़ाई, 6 फीट ऊँचाई वाले फ्लैट के साथ एक छोटे फ्लैट को जोड़ा गया है। तथा उसके साथ ही एक कुर्सी रखी है। 4×6 वाले फ्लैट में एक 2×3 की खिड़की है। जिसके दो पट हैं एक पट शुरू से बंद दिखाई देता है। दूसरा पट जो शुरू से दिखाई नहीं देता, उसमें पतली-पतली लकड़ी

की पट्टियाँ चार-चार इंच की दूरी पर लगी हैं; जो कि आखीर के तीन दृश्य में दिखाई देती है और पट खोल देने पर जेल की सलाखों का भ्रम पैदा करती है।
जेल वाले सीन में घरवाला हिस्सा, चारपाई और ऑफिस की कुर्सी हटा देते हैं। और खिड़की के साथ पानी का घड़ा और दाहिनी ओर मेज रख देते हैं।)

अप्रैल 23

(दयाशंकर चारपाई पर सो रहा है कि अचानक लोकल ट्रेन के गुजरने की आवाज सुनाई देती है। खटर-खटर... खटर-खटर...दयाशंकर चौंककर उठ जाता है। इधर-उधर देखता है फिर जूते पहन के मंच के बीच में आकर बोलना शुरू करता है।)

आज एक बहुत अजीब बात हुई। मैं थोड़ी देर से सोकर उठा तो मेरा रूम पार्टनर सुरेन्द्र मोरे काम पर निकल रहा था। उससे मैंने टाइम पूछा तो उसने कहा, 'पौने ग्यारह'—मैं एकदम पलँग पर से उछलकर उठा और अपना तौलिया, साबुन सब लेकर बाहर नहाने-धोने भागा।

(बाथरूम की तरफ भागता है और एक काल्पनिक ड्रम में से पानी निकालकर नहाने का अभिनय करता है फिर ऐसा दर्शाता है जैसे ड्रम का पानी खत्म हो गया फिर किसी तरह पोछ-पाछ के बाहर आता है।

लेकिन सच पूछिए अगर मुझे पता होता कि दफ्तर में बड़े बाबू मुझे देखकर इतना सड़ा हुआ मुँह बनाएँगे तो शायद उस दिन मैं दफ्तर जाता ही नहीं। इधर कई दिनों से वो कई बार मुझसे कह चुके हैं कि 'क्या दयाशंकर तुम बौखलाए से घूमते रहते हो? तुम अपने सभी कामों में कन्फ्यूजन कर देते हो।' जब देखो मेरे पीछे हाथ धोकर पड़ा रहता है। 'दयाशंकर तुम पैराग्राफ स्माल लैटर से क्यों शुरू करते हो? तुम डेट क्यों नहीं

नाट्यप्रस्तुति के दौरान नाटककार और निर्देशिका नादिरा ज़हीर बब्बर के साथ नाट्यकलाकार आशीष विद्यार्थी और सुनील सिन्हा

नाट्यप्रस्तुति के दौरान नाटककार और निर्देशिका नादिरा ज़हीर बब्बर के साथ नाट्यकलाकार

डालते। फ़ाइलों में रिफ्रेन्स नम्बर नहीं लिखा।' उसकी तो...हरामी जलता है मुझसे। असल में एम.एल.ए. साहब के कमरे में जरा ज्यादा जाते हुए देख लिया है न।—अब बड़े साहब मुझे पसन्द करते हैं तो इसमें मेरी क्या गलती? अपने हर छोटे-मोटे काम के लिए वो मुझे ही बुलाते हैं। क्यों? क्योंकि उनके पास हीरे को पहचानने की नजर जो है। पारखी हैं वो। उन्होंने मेरा असली रूप पहचान लिया है। वो जानते हैं कि मैं कौन हूँ। मैं कोई फ़ाइलों पर कलम घिसने वाला क्लर्क नहीं हूँ। मैं तो एक कलाकार हूँ। एक महान कलाकार...

आज से सोलह साल पहले मैं हीरो बनने यू.पी. के एक कस्बे फर्रूखाबाद से बम्बई आया था। इंग्लिश के कारण एक बार बारहवीं में और एक बार चौदहवीं में फेल हो गया था। तो क्या हुआ? हीरो बनने के लिए हर कक्षा में एक ही बार में पास होना जरूरी थोड़े ही है। नहा ही रहा था कि पानी चला गया। साला वो मोरे ड्रम भी का सारा पानी खत्म कर गया। पता नहीं कितने कपड़े धोता है। मैं जैसे-तैसे पोंछ-पाँछकर कपड़े पहनकर बाहर निकला। स्टेशन के बाहर एक कटिंग चाय पी और दौड़ते-दौड़ते अपने स्टेशन नाला-सोपारा से चर्चगेट के लिए ट्रेन पकड़ी।

(दौड़कर स्टेज के पिछले हिस्से में बने प्लेटफार्म पर चढ़ जाता है। और काल्पनिक लोकल ट्रेन में लूप पकड़कर खड़े रहने का अभिनय करता है।)

बम्बई की लोकल ट्रेनें...जिसने बम्बई की लोकल ट्रेन में यात्रा नहीं की, उसने बम्बई की दिल की धड़कन को नहीं समझा। स्टेशन पर की भीड़ न चाहते हुए भी गाड़ी पर चढ़ा देती है ...उतार देती है। बोरीवली का पैसेंजर न चाहते हुए भी अँधेरी में उतर जाता है। और सन्ता क्रुज उतरने वाले पैसेंजर को बोरीवली तक जाना पड़ता है। शुरू-शुरू में मैं जब कुछ बनने के लिए बम्बई आया था तो मैं भी कहीं का कहीं पहुँच जाता था। लेकिन अब नहीं। अब तो मैं खुद भी ट्रेनों का उस्ताद बन गया हूँ।

वैसे अब इतनी देर हो गई थी कि ऑफिस जाने का कोई मतलब नहीं था। लेकिन फिर भी मैं इसलिए जा रहा था कि कुछ पैसे एडवांस मिल जाएँ। क्योंकि इस महीने बीस-इक्कीस तारीख को ही सारे पैसे खत्म हो गए। चार-पाँच हजार रुपए में बम्बई में आजकल होता क्या है? कमरे का भाड़ा, खाने के पैसे, ट्रेन का पास, साबुन, तेल कभी-कभार दारू...वो तो भला हो त्रिपाठी चचा का—मेरे पिताजी के गाँव के दोस्त—उन्होंने मुझसे कहा—'बेटा दयाशंकर—हीरो बनोगे तब बनोगे; अभी तो हम तुम्हारा अपने ऑफिस में क्लर्क का एडहॉक अपाईण्टमेण्ट कर देते हैं। फिर जब पोस्ट एडवरटीज करेंगे तब परमानेण्ट बना देंगे।' लेकिन असल में उनका प्लान कुछ और ही था। उनके थीं तीन लड़कियाँ—दयावती, फूलवती और कलावती—उनमें से किसी एक न एक को वो मेरे पल्ले बाँधना चाहते थे और जैसे ही मैं परमानेण्ट हुआ तो मिठाई का डिब्बा लेके मुझे अपनी कन्या अटकाऊ योजना बताई। मैंने तो साफ मना कर दिया। मैंने कहा, 'चचा अभी तो मैं आया हूँ। मेरी जिन्दगी शुरू हो रही है। अभी से मेरी नाक में नकेल क्यों डाल रहे हो?' अब वो मुझे नौकरी से तो निकाल नहीं सकते थे। परमानेन्ट हो गया था। लेकिन मुझे खूब तंग करने लगे। और रिटायर होकर जाने से पहले हमारे नए बड़े बाबू के.के. पाटिल के उन्होंने ऐसे कान भरे कि वो मुझसे खुँदक खाने लगे।

(बैठ जाता है)

ये अप्रैल और मई का महीना बम्बई में बड़ा सड़ा हुआ होता है। लगता है जैसे किसी ने बड़े से प्लास्टिक के थैले में बन्द कर दिया हो। ऐसी घुटन और उमस...जा तो सिर्फ इसलिए रहा हूँ कि पैसों की बहुत सख़्त जरूरत है। हमारा कैशियर भी कम हरामी नहीं है। पारथा सारथी नाम है उसका। पारथा कहते हैं हम लोग उसे। कभी भी लोन या एडवांस माँगो तो साले की नानी मर जाती है। अरे तेरे पैसे माँग रहे हैं क्या? बाद में काट लियो...लेकिन नहीं। जैसे उस साले को अपनी जेब से पैसे देने

हों।...अरे तुझे क्या प्राब्लम है भाई? पर नहीं...हजार कानून बताएगा एल.पी.ए....टी.ए.डी.ए.। मेरा बस चले तो उस टकले के सिर पर एक डण्डा दे मारूँ और उसकी दराज में से सारे पैसे निकाल लूँ। लेकिन क्या करूँ? हम लोग ये भी नहीं कर पाते...। असल में हम यू.पी. वाले बहुत शरीफ होते हैं।

आज...ट्रेन में भीड़ कम है। ये क्या? अच्छा हाँ दफ्तर की भीड़ छँट गई। वैसे इस ऑफिस में काम करने का कोई फायदा नहीं है। सबके सब थर्ड क्लास। आदमी सब राई का तेल और पसीने की बदबू मारते हुए। और औरतें लहसुन और हींग के छौंक से बमकती हुई। प्राइवेट कम्पनियाँ...उनके दफ्तर देखो। घड़ी-घड़ी चपरासी आके खुश्बू वाले फ्रेशनर डालते रहते हैं। फस्स... फस्स... परकटी मेम और फर्राटेदार इंग्लिश...हाउ डू डू... फाइन थैंक्यू... आई लव यू... और आखिरी में शटअप ब्लैडी फूल... और हमारे यहाँ सब ढीले-ढीले, थके-थके, लटके-लटके लोग। ठीक एक बजे सब अपने पुराने घिसे हुए फटीचर लंच बॉक्स निकालते हैं जेन्टस अलग, लेडिज अलग। और उस लंच बॉक्स में से निकलता क्या है? वही जीरे वाले आलू, बेमजा लौकी, चौलाई की भाजी—हमेशा वही सस्ती सब्जियाँ।

(काल्पनिक ट्रेन से उतरता है।)

चर्च गेट उतरा। भीड़ कम थी। *(डाउनस्टेज, बाँयी तरफ देखकर, फिर थोड़ा मुस्कुराकर)* कुछ मछलीवालियाँ स्टेशन पर खड़ी आपस में झगड़ रही थीं। मछलीवालियों को पीछे से देखने में...बस क्या बोलूँ...साड़ी तो ऐसे अन्दर घुसाकर पहनती हैं कि कितना भी घूरो पर अन्दर का छोर नजर नहीं आता, और जब चलती हैं तो लगता है कि जैसे दो बड़े-बड़े पहाड़ आपस में टकरा के कह रहे हों—'मैं बड़ा कि तू बड़ा, मैं बड़ा कि तू बड़ा।' एक दिन न जाने मुझे क्या हुआ। मैं 8:13 की ट्रेन में चढ़ा, ट्रेन में बड़ी भीड़ थी। मुझसे एकदम सट के एक मछलीवाली खड़ी थी। उसकी पीठ मेरी तरफ थी। ट्रेन जितनी तेजी से दौड़ रही थी उससे भी ज्यादा तेज मेरा दिमाग। एकदम से मेरा हाथ

आगे बढ़ा और मैंने उसके कूल्हे के बीच में से घुसे हुए पल्लू को खींचकर बाहर निकाल दिया। उसने सिंहनी की तरह गरजकर अपना घुटना मेरी टाँगों के बीच में जोर से मारा...आह ...और बोली, 'काय रे जास्ती गर्मी चढ़ेली है। आज आई दिले नाहीं काय...।' मुझे ऐसा दर्द हुआ कि आज भी याद आ जाती है तो रोंगटे खड़े हो जाते हैं। पर आप ये मत समझिए कि मैं ही ऐसा करता हूँ, और लोग भी होते हैं। खासतौर में बुड्ढ़े—जैसे ही कोई खूबसूरत लड़की ट्रेन में चढ़ेगी ये अपनी सीट छोड़कर उसे बिठा देते हैं, और कहते हैं 'आजा बेटी यहाँ बैठ जा।' फिर बगल में खड़े होकर उसके ब्लाउज में झाँकते हैं। आप इनकी उम्र पे मत जाइए...ये बुड्ढ़े बड़े वैसे होते हैं। मैं यही सोचता हुआ सड़क क्रास कर रहा था कि मेरे सामने से एक कार गुजरी—ये सफेद एम्बेसडर कार एम.एल.ए. साहब की है—2277 काले शीशेवाली। वैसे तो काले शीशेवाली गाड़ी की परमीशन नहीं है। लेकिन इन लोगों को मिल जाती है। बड़े लोगों की बड़ी बातें। और ये गाड़ी एक बुटीक के सामने रुक गई। मैं पीछे होकर देखने लगा। वो बुटीक में चले गए। मैं समझ गया जरूर अपनी बेटी के लिए कुछ खरीदने आए होंगे। या उनकी बेटी पहले से ही वहाँ आई होगी। और वो उसको पिकअप करने आए हों। मैं सड़क के खम्बे के पीछे छुप गया। वैसे बड़े कमाल की बात है, इतनी गर्मी और धूप में, ये औरतें कपड़ों के लिए कहीं भी चली जाएँगी। थोड़ी देर में गेटमैन ने दरवाजा खोला और एम. एल.ए. साहब निकले और उनके पीछे-पीछे वो आई। वो आई ...वो एम.एल.ए. साहब की बेटी सोनिया...अपने पंख फड़फड़ाती हुई बुलबुल की तरह...किस तरह उसने पहले अपने दाहिने तरफ देखा...फिर बाईं तरफ देखा...फिर अपनी बड़ी-बड़ी पलकें झपकाती हुई तेजी से अपने डैडी की गाड़ी में बैठ गई और फिर पल भर में गायब। हे भगवान, मुझे ऐसा लगा जैसे मेरी दुनिया ही घूम गई। मैं खो गया...हमेशा-हमेशा के लिए खो गया।

कपड़े तो मैं भी ज्यादातर फैशनेबुल ही पहनता हूँ। जीन्स

नाट्यप्रस्तुति के दौरान नाटककार और निर्देशिका नादिरा ज़हीर बब्बर के साथ नाट्यकलाकार

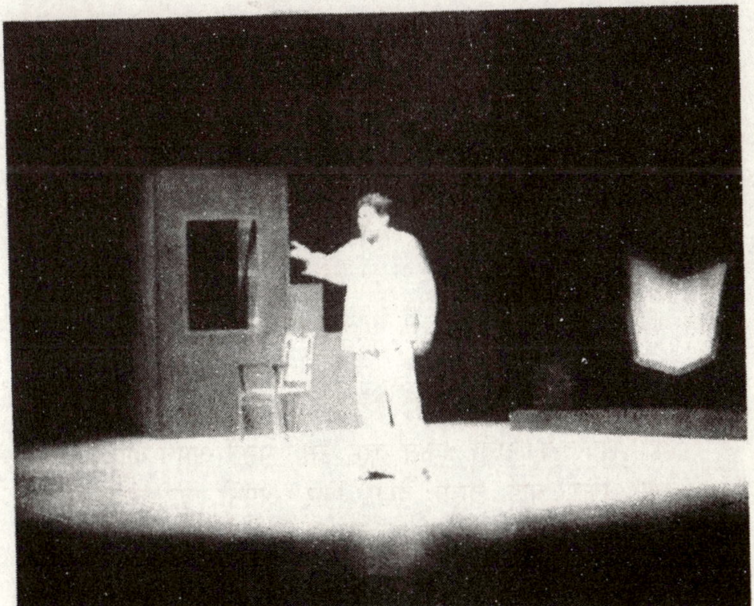

नाटक के एक दृश्य में आशीष विद्यार्थी

और ऊपर लाल नहीं तो पीली टी-शर्ट। क्यों पहनूँ मैं क्लर्कों वाले टेरीकाट के कटपीस वाले पैण्ट? वही फीके-फीके रंगों की शर्टें...? हालाँकि मेरे जीन्स और टी-शर्ट धुल-धुल के फीके हो गए हैं। फिर भी उन क्लर्कोंवाले कपड़ों से तो अच्छे हैं। मेरा जी चाहा कि मैं अन्दर जाऊँ और पूँछू कि अभी जो लेडीज आई थी उसने परचेजिंग किस चीज की की है? लेकिन गेटमैन ने मुझे डाँटा—'ये किधर जाता है?' ये गेटमैनों को और वाचमैनों को मामूली लोगों की औकात के बारे में इतनी जल्दी कैसे पता चल जाता है? मुझे भी गुस्सा आया। मैंने कहा, 'तेरी उसमें जाता हूँ।' ये सुनते ही उसने मुझे जो गालियाँ दीं, मैं सर पर पाँव रखकर भागा...

(भागता है।)

भागते-भागते दम लेने के लिए जरा रुका...

(हाँफता हुआ रुकता है)

तो क्या देखता हूँ कि मेरे बिल्कुल पास सोनिया की छोटी-सी पामेरियन कुतिया खड़ी है। वो बौखलाई-सी इधर-उधर देख रही थी। शायद वो अपनी मैडम के साथ बैठ नहीं पाई और कार चली गई। मुझे उस पर बहुत दया आई...हाँ याद आया उसका नाम सॉफ्टी है। उसकी मालकिन...मेरी जान को जब थोड़ी देर में पता चलेगा कि गाड़ी में सॉफ्टी नहीं है तो उसके दिल पर क्या बीतेगी? मैं ये सोच ही रहा था कि अचानक मैंने आवाज सुनी। हैलो सॉफ्टी कैसी हो। मैं एकदम से चौंक गया कि ये कौन बोला? घूमकर देखा तो आँखों पर विश्वास ही नहीं हुआ। एक कुत्ता सॉफ्टी से बात कर रहा था। मुझे याद आया कि ऐसा तो दुनिया में होता रहा है कि कुछ जानवर आपस में बात करते हैं। ऐसी ही एक मैंने खबर पढ़ी थी कि दो बकरियाँ एक बनिए की दुकान पर गईं चाय खरीदने...और मिमियाते हुए बोलीं, 'लाला जी वो जाकिर हुसैन वाली वाह ताज चाय देना।' अभी कुछ दिन पहले मैंने पेपर में पढ़ा था कि पवई लेक में से दो मछलियाँ पानी से बाहर आईं आपस में कुछ बात की और फिर

बुड़क से पानी के अन्दर गायब हो गईं... हमारे भाषा विशेषज्ञ इसपे रिसर्च कर रहे हैं। मैं अभी ये सोच ही रहा था कि अचानक सॉफ्टी ने जवाब दिया–'ओह टाइगर भौं-भौं...मैं इधर कुछ दिनों से बीमार थी...भौं-भौं, मैंने तुम्हें एक चिट्ठी लिखी थी भौं-भौं. ..क्या तुम्हें मिली नहीं?...भौं-भौं ...सुनते ही टाइगर बोला, 'कोई बात नहीं भौं-भौं। अब छोड़ो भी, चिट्ठी न मिली तुम तो मिल गई...भौं-भौं'...देखिए ये तो मैंने सुन रखा था कि दो जानवर आपस में बातें करते हैं। लेकिन अब मेरी हैरानी की हद हो गई कि कुत्ते चिट्ठी भी लिख सकते हैं। ये तो मैंने कभी नहीं सुना था। चिट्ठी लिखना भी एक कला होती है। चिट्ठी तो बहुत बड़े-बडे लोग लिखते हैं। जैसे कि नेहरू जी लिखा करते थे अपनी बेटी इन्दिरा के लिए और रवीन्द्रनाथ...दाढ़ी वाले रवीन्द्रनाथ ठाकुर जी चिट्ठी लिखते थे अपनी विदेशी प्रेमिका को। लिखता तो बनियाँ भी है, लेकिन उसकी लिखावट में बेइमानी होती है। आप निरमा की एक बट्टी लेते हो वो हिसाब में दो लिखता है जब आप कहते हैं लालाजी हमने तो निरमा की सिर्फ एक बट्टी ली थी आपने दो कैसे लिख दी...तो बिना पलक झपकाए कहता है, ''लड़के से गलती हो गई होगी बाउजी ऐंठ क्यों रहे हो?...वैसे मैं आपको एक अन्दर की बात बताऊँ–आजकल मुझे बहुत कुछ ऐसा दिखाई और सुनाई देने लगा है जैसा पहले कभी नहीं होता था।

गाँव में मेरे पास भी एक कुत्ता था। मैं उसे बहुत प्यार करता था। वो मेरी अम्मा उससे बहुत चिढ़ती थी। अपने सामने बिठाकर मुझे खाना खिलाती थी कि कहीं मैं अपने खाने से रोटी चुराकर गोका को न दे दूँ। गोका...मेरे कुत्ते का नाम था गोका ...क्योंकि उसका आधा मुँह गोरा और आधा मुँह काला था।

एक बार जब गाँव में बहुत बारिश हुई थी, हमारे गाँव में गंगा जी में खूब बाढ़ आई थी। नाव में कुछ लोग नदी पार कर रहे थे। नाव अचानक भँवर में फँस गई और देखते-देखते डूब गई...। नाव में मेरे बापू भी थे...उनकी लाश भी नहीं मिली

और मेरी अम्मा बहुत रोई...घर में चार-पाँच दिन चूल्हा भी नहीं जला। उस वक्त मैं तेरह-चौदह साल का था। मुझसे छोटी दो बहिनें—उर्मिला और शकुन्तला थीं और सबसे छोटा भाई उमाशंकर...अम्मा को पिताजी के मरने का तहसीलदार ने पाँच हजार रुपए मुआवजा दिया था। पिताजी के जाने के बाद हमारे मामा और नाना हमारे छोटे-मोटे खेत बेचकर हम लोगों को अपने गाँव ले गए। हमारे साथ गोका भी गया लेकिन मेरी अम्मा अब गोका से चिढ़ती नहीं थी।

अरे ये सॉफ्टी और टाइगर के साथ-साथ चलते हुए मैं कहाँ पहुँच गया। अच्छा-अच्छा ये लोग इस बिल्डिंग 'सी-वियू' में जा रहे हैं। ये बम्बई नगरी भी अजीब है। बिल्डिंगों के नाम रखेंगे—सी-वियू, गोल्डन बीच, मरमेड जबकि समुंदर और बीच वहाँ से मीलों दूर होंगे। बम्बई की बिल्डिंगों और घरों में भी लोग कैसे रहते हैं। एक-दूसरे के ऊपर चढ़े हुए...एक-दूसरे का दम घोंटते हुए। जैसे मुर्गी की गाड़ी में एक के ऊपर एक मुर्गी को ले जाते हैं। इसी बिल्डिंग के पाँचवें माले पर एक बहुत बड़ी प्लास्टिक कम्पनी के मालिक नरेश अग्रवाल जी रहते हैं। वैसे तो वो प्लास्टिक की बहुत-सी चीजें बनाते हैं, लेकिन वो मशहूर हुए ज्वॉय निप्पल बनाने से। बहुत पैसा कमाया है, नरेश अग्रवाल ने प्लास्टिक में...हाँ इतना पैसा है उनके पास लेकिन फिर भी इतनी सिम्पलता है उनमें कि क्या बताऊँ...मालूम है नरेश अग्रवाल सुबह उठकर पहला काम क्या करते हैं? अपनी बीबी के हाथों ज्वॉय निप्पल से दूध पीते हैं।

(ब्लैक आउट)

अप्रैल 25

(प्रकाश आने पर हम देखते हैं कि दयाशंकर अपने पलंग के पास खड़ा बालों में कंघी करते हुए गाता है और रंगीन

चश्मा लगाकर बोलता है)

अरे जब तक रहेगा समोसे में आलू।
तब तक रहूँगा मैं तेरा कालू ॥

आज फ्राइडे है। फ्राइडे को नई पिक्चरें लगती हैं। मैं ज्यादातर फ्राइडे को ही पिक्चरें देखता हूँ। फ्रायडे फ़र्श्ट डे, फ़र्श्ट शो देखने की बात ही कुछ और है। मैं हीरो नहीं बन पाया तो किसी-न-किसी तरह उस दुनिया की हलचल का एक हिस्सा तो बना रहूँ। जब मैं नया-नया आया था तो बहुत भटकता था। लेकिन कोई काम नहीं मिला। मेरा एक दूर का रिश्तेदार जो जूनियर आर्टिस्ट सप्लायर था, उसने मुझे एक्स्ट्रा का रोल करने के लिए बोला। पर मैंने मना कर दिया। मैंने कहा कि नहीं भाई एक्स्ट्रा नहीं बनूँगा। कल के दिन अगर मैं कामयाब हो गया, हीरो बन गया तो।... हीरोइन तो मेरे साथ काम करने से मना कर देगी। कहेगी कि मैं इसके साथ हीरोइन नहीं बनूँगी। ये तो कल एकस्ट्रा था। नहीं, मैंने तो अपने जीवन का एक नियम बनाया है कि भाई मछली की आँख देखनी है तो आँख ही देखो। पूँछ मत देखो।

(फेड आउट)

(प्रकाश आने पर हम देखते हैं कि वो ऑफिस वाले हिस्से में एम.एल.ए. साहब के कमरे में कुर्सी के पास जाता है और कुर्सी के आसपास चीजें ठीक करने का अभिनय करता है।)

मैं आज दफ्तर जरा जल्दी चला गया। एम.एल.ए. साहब के कमरे में जाकर उनकी सब फाइलें ठीक कीं, पेन-वेन चैक किए। वैसे तो काम करने के लिए और भी लोग हैं, लेकिन मैं चाहता था कि उनको पता चले कि मैं उनका कितना ख्याल रखता हूँ। उनके कमरे में कितनी किताबें थीं स्वामी विवेकानन्द, लाईफ एण्ड फिलॉसफी, इनसाइक्लोपीडिया के सारे वोल्यूम, राधाकृष्णन की लाइफ एण्ड टीचिंग—मैं तो किताबें देखते ही

डर जाता था। क्या वाकई एम.एल.ए. साहब ने ये सब किताबें पढ़ी होंगी? या यूँ ही सजा दीं। कितनी किताबें तो फ्रेंच और जर्मन भाषा में थीं। एम.एल.ए. साहब के चेहरे पर कितना रौब है और आँखों में कितना ज्ञान...जब वे बोलते हैं तो एक शब्द भी एक्स्ट्रा नहीं होता। कभी-कभी फाइल पकड़ाते हुए वो मुझसे पूछ लेते हैं—'हाउ आर यू मिस्टर दयाशंकर?' मैं तो सिर्फ इतना ही फुसफुसा पाता हूँ—'बाइ योर ब्लेस फाइन सर...।' वैसे ये भी सच है कि वो मुझे कुछ खास पसन्द करते हैं। काश कि उनकी बेटी भी...

(फेड आउट)

साहब की मेज पर एक पतली-सी छोटी-सी पत्रिका रखी थी। उस पर लिखा था—'भारत माता की पुकार।' उस पूरी पत्रिका में जो लेख थे वो इस बारे में थे कि हिन्दुओ, आओ अपनी माता की सेवा में लग जाओ। अपने सारे मन्दिरों की रक्षा करो, उसे मुसलमानों के गन्दे हाथों से स्वतन्त्र कराओ। भारतीय सभ्यता और संस्कृति खतरे में है। ऐसी पत्रिकाएँ मुसलमान भी छापते हैं। मस्जिदें बचाओ, मस्जिदें हैं तो तुम हो। अरे इनसे कोई ये पूछे कि मन्दिर-मस्जिद के चलने या बन्द होने से क्या तुम्हारे घर में राशन आता है? लेकिन नहीं...मरेंगे सब साले। खुद तो मरेंगे ही दूसरों को भी मारेंगे। वो '92-'93 में क्या लफड़ा किया। मैं तो घर से ही नहीं निकला। आज भी कोई छोटी-सी बात होती है तो मैं कमरा बन्द करके अन्दर ही बैठा रहता हूँ।

(अपने हाथ की घड़ी देखकर चौंककर)

आँय...ये क्या बारह बज गए और अभी तक एम.एल.ए. साहब नहीं आए?—खैर मैं काम करता रहा। अचानक ढाई बजे एक ऐसी चीज हुई जिसे कोई कलम नहीं लिख सकता। दरवाजा खुला और वो अन्दर आई। अरे वही हमारे एम.एल.ए. साहब की लड़की, सोनिया—क्या लग रही थी। सफेद कपड़े पहने हुए हँसनी की तरह तैरती हुई कमरे में आई। कमाल था बस—और

जब उसने मेरी तरफ देखा तो अपनी कसम ऐसा लगा जैसे हजार सूरज चमक रहे हों...उसकी रौशनी से मेरी आँखें चुँधिया गईं। उसने मुझसे पूछा—पापा हैं? पापा हैं...? क्या आवाज थी जैसे कि बुलबुल। सुहानी मीठी सुरीली। मेरा दिल हुआ कि मैं उससे कहूँ कि मेरी जान अगर मारना ही है तो मुझे अपने हाथों से मार दो क्योकि मैं तुम्हारी अदाओं की बिजलियाँ सह नहीं सकूँगा। लेकिन मैं तो जैसे गूँगा ही हो गया था। कुछ बोल ही नहीं पाया। अपने बैठे हुए गले से बस इतना ही कह पाया—'नो मैडम थेंक्यू'—उसने मेरी तरफ देखा फिर घूम के जाने लगी और तभी उसका रूमाल गिर गया। मैंने छलाँग लगाकर फ्लोर पर से उसका रूमाल उठाया। वो बात अलग है कि टेलीफोन के वायर में मेरा पाँव उलझ गया।

(गिरता है)

मैं गिरा, टेलीफोन भी गिरा और मेरी नाक टूटते-टूटते बची। लेकिन मैंने रूमाल उठाया।

(रूमाल उठाने का अभिनय करता है)

हे भगवान! क्या रूमाल था। जैसे बादल का टुकड़ा... जिसमें हरसिंगार की भीनी-भीनी खुशबू आ रही थी। उसने रूमाल मेरे हाथ से ले लिया और मुझे थैंक्यू कहा। मुझे ऐसा लगा जैसे थैंक्यू कहते वक्त उसके होंठ मुस्कुरा रहे थे। वो तो चली गई लेकिन में उसके जाने के बाद लगातार सोचता रहा। कमरे में अभी तक उसके रूप की चमक और बदन की खुशबू भरी हुई थी।

(आकर कुर्सी पर बैठते हुए)

मैं बैठा उसी के सपने बुन रहा था कि ऑफिस के चपरासी वाघमरे ने आके मुझे जोर से कहा—"क्या साहेब, ये सरकार आपको दफ्तर में बैठकर सपने देखने का पगार देती है क्या? आज घर नहीं जाना है क्या?'

(गुस्से से खड़ा हो जाता है)

मुझे बहुत गुस्सा आया। ये चपरासी ऐसे मुँह लगे होते

हैं जैसे छिछोरे दामाद। जी चाहा उसके दाँत तोड़ दूँ। फिर याद आया कि इनकी यूनियन बड़ी स्ट्राँग होती है। मैंने एकदम से उसे डाँटकर कहा–'तुमसे क्या? तुम अपना काम करो' और वो बाहर चला गया। मैंने अपनी चीजें उठाईं...

(अपना बैग और लंच बॉक्स उठाने का अभिनय करता है)

...और ऑफिस से अपने घर आ गया।

(चारपाई पर लेट जाता है और छत की तरफ देखता है)

काफी देर तक अपने पलँग पर लेट कर छत की तरफ देखता रहा हमारी छत पूरी तरह बदरंगी सीलन से भरी हुई और जगह-जगह उसका प्लास्टर भी उखड़ा हुआ था। अचानक मुझे एक शायरी याद आ गई–*(तकिए को सीने से लगाकर)*

क्यों भागते हो हमसे, आओ तो बैठो पास कभी
दूर रहते हो सदा दो नजदीकी का अहसास कभी।

कालिदास ने नहीं तो ग़ालिब ने जरूर लिखा है।

(फेड आउट)

(कुर्सी पर बैठकर काल्पनिक बस में बैठने का अभिनय करता है)

रात को जल्दी-जल्दी खाना खाने के बाद सोनिया जी के घर जानेवाली बस में बैठ गया। बस में सब लोग मुझे घूर-घूरकर देख रहे थे। मैं भी हैरान था कि क्या हुआ? क्यों भई क्यों घूर रहे हो? तब मैंने देखा कि मैं लुंगी और बनियान पहने ही बस में बैठ गया। तो क्या हुआ? कितने ही लोग ऐसे ही घूमते हैं। हमारे सारे फिल्म एक्टर लुंगी बनियान पहने विदेशों में गाना गाते हैं।

(स्टेज पर बने प्लेटफार्म पर कुर्सी से उठने के बाद खड़ा हो जाता है)

मैं अपने सोनिया जी के घर के ऐन सामने सड़क के दूसरी ओर खड़ा हो गया।

(घड़ी में टाइम देखते हुए)

ग्यारह साढ़े ग्यारह बजे तक खड़ा ही रहा। एक बार सॉफ्टी जरूर नजर आई। वो बाहर निकली भी नौकरानी के साथ टहलने के लिए लेकिन सोनियाँ नजर नहीं आई। मैं अपना टूटा हुआ दिल लिए वापस आ गया। (वापस घर आके लेट जाता है। फिर से शायरी बोलता है) क्यों भागते हो हमसे आओ तो बैठो पास कभी, दूर रहते हो सदा, हो नज़दीकी का एहसास कभी।

(फेडआउट)

मई 27

आज बड़े बाबू गुस्से में थे। जैसे ही मैं ऑफिस पहुँचा मेरा बुलावा आ गया। मैंने उनके केबिन के दरवाजे पर जाकर 'मे आई कम इन सर' कहा तो मुझे देखते ही चालू हो गए—'ये क्या तमाशा चल रहा है तुम्हारा?' 'क्या सर? कुछ भी तो नहीं।' मैंने धीरे से जवाब दिया तो एकदम गुस्से से बिगड़कर बोले—'अच्छा? तुम पैंतीस-चालीस के हो गए हो अकल कब आएगी? अपने आपको क्या समझ रहे हो? एम.एल.ए. साहब की बेटी के चक्कर में हो? तुम हो क्या? सौ रुपए भी तुम्हारी जेब में नहीं होंगे? आईने में मुँह देखा है अपना? और सपने देख रहे हो एम.एल.ए. साहब की बेटी के? पागल हो गए हो?'

—साला हरामजादा कुत्ता। उसने कभी अपनी शक्ल देखी है आईने में? देख ले तो गारण्टी है उसको कब्ज हो जाए। चार बाल रह गए हैं सर पे, उनको भी माथे पर ऐसे चिपका के आता है।...सौ रुपए नहीं हैं मेरे पास...तो क्या? करता तो हूँ जो कुछ मुझसे हो सकता है। हीरो बनने आया था कि अमीर हो जाऊँगा। नहीं बन सका तो नौकरी कर ली। बेकार तो नहीं बैठा हूँ! चोरी तो नहीं की! ऐसा तो नहीं कि सारी जिन्दगी सपने ही देखता रहता हूँ। सुबह से शाम तक काम करता हूँ, सबकी झिड़कियाँ सुनता हूँ। यही नौकरी करते-करते मैंने अपनी बहिन उर्मिला की शादी करवाई। घर से खबर आ गई कि भैया उर्मिला

नाटक के एक दृश्य में प्रसन्न मुद्रा में आशीष विद्यार्थी

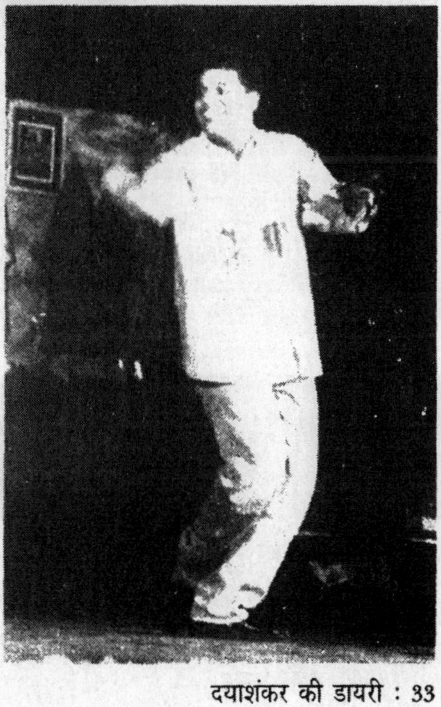

नाटक के एक दृश्य में आशीष विद्यार्थी

की शादी है कम-से-कम चालीस हजार रुपए भेज दो। सब सोचते हैं कि भाई बम्बई में काम करता है तो न जाने वहाँ से क्या लेकर आएगा। किसी को क्या पता हम बम्बई वालों पर क्या बीतती है? मैंने बड़ी मुश्किल से बीस हजार रुपए कर्जा लिया। आठ साल से वो कर्ज उतार रहा हूँ कि दो साल बाद फिर खबर आई कि शकुन्तला की शादी तै हो गई है और भैया इस बार तो पूरे पैसे भेज ही देना। लेकिन भला हो शकुन्तला का अपनी शादी के कोई तीन-चार महीने पहले उसको पीलिया हो गया और मर गई बेचारी—उपकार कर गई हमारे ऊपर—शादी के बाद मरती तो इतना सारा खर्चा वेस्ट जाता...मेरी जेब में सौ रुपए नहीं हैं तो क्या मैं सपने नहीं देख सकता? सपने देखना भी क्या इन लोगों की बपौती है? अगर मैं चाहूँ तो अपना प्रमोशन यूँ करवा सकता हूँ, यूँ। मेरी उम्र अड़तीस है तो क्या? कितने लोगों की तो पचास साल में शादी हुई है, फिर मुझे ले चलो बेंजर में या शीतल में...कपड़े खरीदवाओ...लेटेस्ट फैशन के कपड़े हों, सेण्ट हो, टाई हो, ये सब पहनकर मैं सफेद मर्सडीज में बैठकर आऊँ...बड़े बाबू तब तो मैं तुमसे अपने जूते भी साफ न कराऊँ ...कहते हैं सौ रुपए नहीं हैं मेरी जेब में...अब मेरे पास सौ रुपए नहीं हैं तो...? तो?...तो?...तो? इसमें मेरी तो कोई गलती नहीं है।

(फेड आउट)

जून 10

आज मैं एक नाटक देखने गया। नाटक देखने मैं अक्सर जाता हूँ। यहाँ बम्बई में अच्छा है लोग नाटक देखने आते हैं। हमारी यू.पी. में नाटक देखने लोग नहीं आते। नाटक कर मरो, कितनी मेहनत करो मगर कोई नहीं आता जाकर कलक्टर साहब नहीं तो कमिश्नर साहब को पास देकर आओ कि साहब आना हमने नाटक किया है। कहेंगे ठीक है पास रख दो। आएँगे नहीं। अपने

सेक्रेट्री या ड्राइवर को पास दे देंगे। कि जाओ कुछ भाण्ड लोग आए थे। मगर यहाँ अच्छा है। यहाँ तो लोग नाटक देखने आते हैं। नाटक करने का मुझे भी बहुत शौक था। हमारे गाँव में जो रामलीला होती थी, उसमें अब्दुल चाचा विभीषण का रोल करते थे। उन्होंने मुझे डाल दिया वानर सेना में—क्योंकि सबसे ऊँची छलाँग मैं ही लगाता था।

(चालीसा गाकर हनुमान जी का अभिनय करता है)

लाए संजीवन लखन जियाये।
श्री रघुवीर हरषि उर लाए ॥
रघुपति कीन्ही बहुतिं बड़ाई।
तुम मम प्रिय भरत सम भाई...
बोल सियापति रामचन्दर की जय ॥

मुझे पता है कि नाटक देखने और पिक्चर देखने में बहुत पैसा खर्च होता है। लेकिन मेरा मन कहता है कि अगर मैं कलाकार नहीं बन पाया तो कम-से-कम अच्छा दर्शक तो बनूँ। वैसे आजकल अच्छे नाटक होते ही नहीं। सब गन्दे और सस्ते नाटक होते हैं। आज जो नाटक देखा थोड़ा ठीक-ठाक था। नाम था—'राजा के सर पे सींग।' व्यंग्यात्मक नाटक था। मुझे तो बहुत हँसी आई लेकिन जब मैं जोर से हँसता था तो आसपास के सब लोग मुझे घूम-घूमकर देखने लगते। हँसने में भी इन लोगों की नानी मरती है। नाटक में जो नटी थी...अ...क्या नाम था उसका...हाँ पुष्पा पिंगले। उसने बहुत अच्छा काम किया। लेकिन जों नट था वो अच्छा नहीं था। नटी ने बहुत अच्छा गाना गाया। क्या नाचती थी। आँखें मटका-मटका के...

(आँखें मटकाकर गाता है और नाचता है)

नैन बावरे हो...हो...हो...
गया चैन रे हो...हो...हो...
प्रीतम लौट आओ...

जब वो गा रही थी उसके चेहरे में मुझे सारी शाम एम.

एल.ए. साहब की बेटी सोनिया का चेहरा नज़र आ रहा था।

(फेड आउट)

जून 29

आज रात भर मुझे ठीक से नींद नहीं आई। सारी रात बेचैनी रही। करवटें बदलता रहा। साढ़े चार बजे बिस्तर से उठा।

(बिस्तर से उठता है)

समझ नहीं आया कि क्या करूँ। मोरे अभी तक सो रहा था। मैं नहा-धो के तैयार हो गया। साढ़े छः या पौने सात बजे मोरे को देखा वो सो रहा था। मैं घर से निकल गया और ऑफिस पहुँच गया। तब सिर्फ साढ़े सात ही बजे थे। ऑफिस में झाडू पोंछा हो रहा था। मैंने कुर्सी उठाई और बाई से कहा–'इधर ठीक से पोंछा लगाना। पीछे से...।' उसके बाद मैं काम करने के लिए बैठ गया।

(कुर्सी पर बैठ जाता है)

धीरे-धीरे नौ बजे के आसपास लोग आने शुरू हो गए। लोग मुझे देख के हैलो नमस्ते कर रहे थे। लेकिन मैंने उनकी हैलो-नमस्ते का कोई खास जवाब नहीं दिया। थोड़ी देर में बड़े बाबू भी पहुँच चुके थे। लोग खड़े होकर बड़े बाबू को गुड मार्निंग सर, गुड मार्निंग सर कर रहे थे। लेकिन मैंने नहीं की। मैंने सोचा इतराता है तो इतराए, चार पराँठे और खाए। मैं अपनी मेज पर कागज, फाइलें-वाइलें चैक करने लगा। आज मैंने सारे दिन दफ्तर में किसी से बात नहीं की। ...सुबह से शाम तक दिमाग में कुछ तस्वीरें सी गड्डमड्ड होकर घूमती रहीं...कभी पुष्पा पिंगले का चेहरा नजर आता...कभी मेरी छोटी बहिन का...और कभी एम.एल.ए. साहब की बेटी सोनियाँ...जब मेरा सर ज्यादा चकराने लगा, दिमाग फटने लगा तो मैंने अपनी आँखें बन्द कर लीं। आँखें बन्द कीं तो दिमाग में एक शोर-सा उठने लगा...जैसे मेरे दिमाग में कोई बाढ़-सी आ गई हो, ऐसी बाढ़ जिसमें सब कुछ बह गया था।

वैसी बाढ़ जिसमें मेरे बापू की नाव डूब गई थी...बाढ़ जिसने मेरी माँ की कलाइयों से लाल हरी चूड़ियाँ उतारकर काले धागे बँधवा दिए थे—मैंने घबरा के आँखें खोल दीं...मेरा सर फट रहा था। चार बजे के आसपास मैं दफ्तर से निकल गया...

(कुर्सी से उठकर चारपाई पर लेट जाता है)

और सीधे घर पर आके लेट गया। और रात को बारह-एक बजे तक छत को देखता रहा। मेरा रूम पार्टनर मोरे एक बजे आया और मुझसे कहने लगा, 'ये लाइट बन्द कर बे। लाईट में क्या हेमामालिनी मिलने आएगी तुझसे?' मैंने कहा, 'नहीं मोरे...वो बात नहीं। आजकल पता नहीं क्यों मुझे अँधेरे से डर लगने लगा है।' वो बोला, 'डर लगता है तो अपनी अम्माँ को यहाँ बुला ले।'...

कहते हुए उसने लाइट बन्द कर दी। मेरा मन हुआ कि उसके दाँत तोड़ दूँ, पर मोरे से कभी कुछ कह नहीं पाता हूँ। कमरे में अँधेरा होते ही मुझे और डर लगने लगा। मुझे ऐसा लगने लगा जैसे...बिस्तर में मेरे साथ कोई लेटा है—कभी मुझे लगता मेरी माँ है—और कभी लगता जैसे गोका है—और कभी ऐसा लगता जैसे सफेद कफन में लिपटी हुई मेरी बहिन शकुन्तला की लाश—मुझे कुछ आवाजें भी सुनाई देने लगीं—जैसे शकुन्तला के मरने पर रोती, चिल्लाती बैन करती हुई मेरी अम्माँ...

(बैन करता है)

अरे कहाँ गई मोर लल्ली रे...
अम्मा को छोड़ के तू कहाँ गई रे...
मोर लल्ली, मोर बिटिया रे...
अम्मा के पास लौट आ मोर बच्ची रे,
अरे मोर गुड़िया, मोर बिटिया रे...।

मैंने अपने कान बन्द कर लिए लेकिन वो शोर फिर भी सुनाई देता रहा। मेरी माँ की बैन करती हुई वो आवाज...मेरी समझ में नहीं आया कि मेरे साथ क्या हो रहा है। अचानक मुझे लगा कि मेरी आँखों के किनारों से पानी टपक रहा है।

ये क्या? मुझे पता नहीं लगा कि मैं रो रहा था।

(फेड आउट)

जुलाई 10

आज मुझे एम.एल.ए. साहब के घर जाने का गोल्डन चाँस मिला। उनके यहाँ एक पार्टी थी। वहाँ मुझे ऑफिशियल ड्यूटी पर लगा दिया गया सरकारी आफिसों में ऐसा ही होता है। क्या ड्राइंग रूम था। ड्राइंग रूम में संगमरमर की मूर्ति 'लेडीज' की ऐसे *(मुद्रा बनाता है)* खड़ी थी। हाल के बीच में फव्वारा जिसका पानी यहाँ से वहाँ गिरता था और वहाँ से यहाँ...बीच में कहीं नहीं गिरता था। बड़े लोगों की बड़ी बातें...हमारे यहाँ तो बाथरूम में भी पानी नहीं होता, इनके हॉल में भी पानी चलता है। सारी सजावट की चीजें। झाड़ फानूस, स्प्रिंगदार रेशमी सोफे...मेरा जी चाह रहा था कि हॉल में अन्दर के कमरों की तरफ जानेवाला दरवाजा थोड़ा-सा खुल जाए और मैं वो कमरे भी देख लूँ। लेकिन वो बीच का दरवाजा कभी इतनी देर खुल ही नहीं पाता था कि मैं अन्दर झाँक सकूँ। कैसे होंगे अन्दर के बाकी और कमरे और फिर ख़ासतौर पे उसका कमरा...काश एक नजर मैं उसके बेडरूम को देख सकता—उसका वो मुलायम मखमली पलँग—जिसमें वो एक परी की तरह लेटी होगी—बदन पर रेशनी कढ़ी हुई चादर ओढ़े—सुबह को उठके उसे जो फेंकती होगी तो अन्दर से उसके दूधिया मक्खन जैसे पाँव नजर आते होंगे। फिर उसके सुडौल घुटने...और फिर उसके ऊपर उसकी मछली जैसी राने...बस...बस...बस कर दयाशंकर बहुत बोल लिया...

(फेड आउट)

अगस्त 20

ये मुझे क्या होता जा रहा है? मेरे लिए ये जानना बहुत जरूरी हो गया था कि मैं पता लगाऊँ कि सोनियाँ मेरे बारे में क्या

महसूस करती है। क्या वो भी मेरे बारे में कुछ क्या वैसा ही महसूस करती है जैसा कि मैं उसके बारे में महसूस करता हूँ। लेकिन मैं तो किसी भी ऐसे आदमी को नहीं जानता जो सोनियाँ को भी जानता हो और मुझे भी जानता हो...कहाँ से पता चल सकता है? हाँ, एक तरीका है। मुझे सॉफ्टी की चिट्ठियों से पता चल सकता है कि सोनियाँ क्या मेरे बारे में कुछ-कुछ ऐसा सोचती है जैसा कि मैं सोचता हूँ। तो मैंने फैसला कर लिया कि मैं इसी वक्त टाइगर के घर जाऊँगा और टाइगर के घर से सॉफ्टी की लिखी वो सारी चिट्ठियाँ ले आऊँगा और पढूँगा और उनसे मालूम करूँगा कि सोनियाँ मेरे बारे में क्या वैसा ही सोचती है जैसा कि मैं उसके बारे में सोचता हूँ। मैं फौरन सी.वियू अपार्टमेण्ट पहुँचा और पाँचवें माले पर टाइगर के घर जाकर बेल बजाई। 'टिंग-टौंग।' *(मुँह बनाकर)* दरवाजा मुहाँसों से भरे हुए चेहरेवाली एक लड़की ने खोला। मुझे देखकर वो ऐसे मुस्कुराई। मैं समझ गया उसको मर्द की सख्त जरूरत है। वो मुझे देखकर बोली—'कौन चाहिए तेरे को?' मैं बोला—'मुझे आपके टाइगर की चिट्ठियाँ चाहिए जो सॉफ्टी ने उसको लिखी हैं।' वो लड़की एकदम से चिल्लाकर अन्दर की तरफ भाग गई लेकिन मैं उसके रियेक्शन की परवाह किए बगैर एकदम अन्दर घुसा और टाइगर के सामान में से सॉफ्टी की चिट्ठियाँ निकालकर बाहर आ गया। उस मुहाँसे वाली लड़की ने अपने आपको बाथरूम में बन्द कर लिया था और 'बचाओ-बचाओ' चिल्ला रही थी। उस बेवकूफ को शायद लगा होगा कि मैं कोई पागल-वागल हूँ। *(फेड आउट)*

(चारपाई पर बैठकर एक-एक करके चिट्ठियाँ बिछाने का अभिनय करता है।)

घर पहुँचने के बाद मैंने सब चिट्ठियाँ डेट वाइज लगा दीं। और पढ़ना शुरू करने ही वाला था कि मोरे आ गया और आते ही बोला, 'ये कमरा धोने का है।'

(उठकर खड़ा हो जाता है)

कमरा धोने का है। दरअसल बात ये थी कि हमारी मकान

मालकिन की एक लड़की थी जिसका नाम था सुगन्धी। वो हमेशा पहाड़ी नदी की तरह जोर पर रहती थी। जब भी हमारी मकान मालकिन को शाम के वक्त कहीं जाना होता था, उसी वक्त मोरे को कमरा धोना होता था। उसकी बात सुनकर मैं सारी चिट्ठियाँ तकिए के नीचे रखकर बाहर निकल गया।

(स्टेज पर बने प्लेटफार्म पर टहलता है, घड़ी देखकर)

वैसे तो मोरे के लिए पन्द्रह-बीस मिनट काफी थे। लेकिन मैं उस दिन आधे घण्टे या चालीस मिनट तक बाहर घूमता रहा, उसके बाद वापस आ आया। जब मैं आया तो मोरे जा चुका था। कहीं नजर नहीं आ रहा था। हाँ, सुगन्धी जरूर इधर-उधर खुशी के मारे फुदक रही थी। मैं समझ गया कि कमरा धुल चुका है। मैंने तकिए के नीचे से सभी चिट्ठियाँ निकालीं...

(घुटनों के बल बैठकर चिट्ठियाँ बिछाने का अभिनय करता है)

...और दुबारा फिर डेट वाइज लगाकर पढ़नी शुरू कीं। कितनी अच्छी हैण्डराइटिंग है। हैण्डराइटिंग कुत्तों वाली जरूर है लेकिन बिल्कुल साफ है।

(पढ़ने का अभिनय करता है।)

प्यारे टाइगर कैसे हो? इन लोगों ने तुम्हारा नाम टाइगर क्यों रखा? जबकि तुम कितने अच्छे कुत्ते हो। ये अपने नाम बहुत अच्छे रखते हैं जैसे कि विनीत, विवेक, सुशील, विशाल और हमारे नाम ऐसे जंगली रखते हैं जैसे टाइगर, शेरू, रॉकी, जॉकी जबकि हमसे हजार गुना ज्यादा जंगली तो ये लोग होते हैं। लेकिन टाइगर उदास मत होना। शेक्सपियर ने लिखा है कि नाम में क्या रखा है? शेक्सपियर ने लिखा है! कितनी बड़ी बात लिख दी इसने! कितनी बड़ी बात लिख दी—हैं जी! शेक्सपियर की बात कर रही है ये तो...। कितनी अच्छी राइटिंग है। कॉमा फुलस्टाप भी सही जगह लगाए हैं, पैराग्राफ भी स्माल लेटर से शुरू नहीं किया है। कोई मेरे बड़े बाबू को बोले कि वो कुत्तों से इंग्लिश लिखना सीखे। सबसे कहता फिरता है कि उसने उस्मानिया यूनिवर्सिटी से एम.ए. किया है। अरे मैं कहता हूँ घण्टा

किया है? चिट्ठी कैसे लिखी जाती है ये कुत्ते से सीखे। हाँ...दूसरी चिट्ठी में लिखा है—

प्रिय टाइगर, आज मैं सोनियाँ के साथ बैठकर अंग्रेजी म्यूज़िक सुन रही थी कि उसकी मम्मी ने आकर कहा, 'सोनिया, राजेश बत्रा तुमसे मिलने आया है।' सोनियाँ ने अपनी मम्मी से कहा, 'उनको हॉल में बिठाइए मैं आती हूँ।' उसकी मम्मी चली गई। सोनियाँ ने मुझसे कहा, 'चलो सॉफ्टी मैं तुम्हें राजेश बत्रा से मिलवाती हूँ।' मुझे साथ लेकर हॉल में गईं। वहाँ मैंने देखा एक लड़का बैठा था जो सोनियाँ को बड़ी नशीली नजरों से घूर रहा था। देखने में वैसे कोई खास नहीं था। अगर सोनियाँ को बुरा न लगे तो मैं यहाँ तक कह सकती हूँ कि वो तुम्हारे मुकाबले में कुछ भी नहीं है।—'सोचने वाली बात है कि टाइगर के मुकाबले राजेश बत्रा कुछ भी नहीं है।'—मैं सोचती रही कि आखिर सोनियाँ को राजेश बत्रा में क्या नजर आया जो वो उसे पसन्द करने लगी। अगर वो राजेश बत्रा को पसन्द कर सकती है तो डैडी के दफ्तर में काम करनेवाले उस क्लर्क में क्या बुराई है? बेचारा रोज रात को हमारे घर के सामनेवाली सड़क के दूसरी तरफ आकर खड़ा हो जाता है और हमारे घर की तरफ उदास नजरों से देखता रहता है, और फिर सिर्फ मुझे देखकर अपना टूटा हुआ दिल लिए वापस चला जाता है। देखने में इतना बदसूरत है—इतना बदसूरत है कि क्या कहूँ। बिल्कुल ऐसा कि जैसे काला कछुआ...काला..कछुआ...?

(दयाशंकर गुस्से से चिट्ठियाँ फाड़ने और मिट्टी का तेल डालकर जलाने का अभिनय करता है।

(गुस्से में)

'स्साली कुतिया ऽ ऽ ऽ

(फेड आउट)

अगस्त 20

बम्बई की बरसात भी बस...। हमारी तरफ बारिश का क्या मजा होता है। सावन आता है जैसे कोई त्यौहार। सावन के झूले, पपीहे, मेहँदी, तीज-त्यौहार—और यहाँ अभी धूप अभी बारिश—लेकिन फिर भी मानसून एक ऐसा मौसम होता है जब बम्बई में कुछ बदलता है। सबके घरों में गणपति आ गए हैं। वही शोर-शराबा। ये हमारे धार्मिक रीति-रिवाजों में इतने शोर-शराबा क्यों होता हैं? घर के सामने एक मस्जिद है। वहाँ भी लाउडस्पीकर पर इतनी जोरदार अजान होती है।...बारिश बहुत हो रही है। सब तरफ पानी...पानी। आज ट्रेनें भी बन्द। अगर ट्रेनें चलतीं थीं तो भी आज मैं ऑफिस नहीं जाता। क्योंकि कल हमें ऑफिस में सोनियाँ और राजेश बत्रा की शादी के कार्ड मिले हैं। मेरा दिल टूट गया...क्या मजाक है? सिर्फ इस वजह से कि कोई अमीर है, बहुत बड़ा इण्डस्ट्रियलिस्ट है। तो हर अच्छी चीज उसे मिलेगी?...ये भी हो सकता है कि मैं बहुत बड़ा इण्डस्ट्रियलिस्ट या मिनिस्टर हूँ और मुझे पता ही नहीं। इतिहास में ऐसे कई उदाहरण हैं। जब कोई मामूली-सा आदमी है और उसको पता ही नहीं था कि वो कहीं का राजकुमार या महाराजा है। मान लीजिए कि अचानक मेरे माथे पर ताज आ जाए—मेरे बदन पर राजाओं के कपड़े और गले में हीरे मोतियों की मालाएँ—तब मैं देखना चाहता हूँ कि सोनियाँ मेरे बारे में क्या कहती है। और वो साला, उसका बाप मुझे राजा के रूप में देख ले तो फौरन दो सैकेण्ड के अन्दर अपनी बेटी सोनियाँ की शादी मुझसे कर दे। फिलहाल तो भगवान से ये जानना चाहता हूँ कि मुझे एक क्लर्क ही क्यों बनाया? क्यों बनाया मुझे एल.डी.सी...

(फेड आउट)

सितम्बर 19

आज सारी सुबह मैं न्यूज पेपर पढ़ता रहा—लिखा है कि नेपाल में आजकल कोई राजा नहीं है। लेकिन राजा होना तो जरूरी

है न? राजा के बिना सरकार कैसे चलेगी। वो होगा तो जरूर लेकिन हो सकता है किन्हीं पारिवारिक या राजनीतिक कारणों से सामने न आता हो...या हो सकता है किसी दूसरे देश का खतरा हो?...शायद चीन का...

(फेड आउट)

अक्तूबर 2

पीर पराई जाने रे, वैष्णव जन तो टिंग टड़ाग टिंग... आज गाँधी जयंती है। मैं घर से ऑफिस जाने के लिए निकला। लेकिन फिर सोचा पहले गाँधी पार्क जाके गाँधी जी की मूर्ति पर श्रद्धा के दो सुमन चढ़ा दूँ। मैंने वहीं से दो सुमन चुराए और बापू की प्रतिमा पर चढ़ाए। मैं जैसे ही जाने के लिए घूमा तो एक आवाज आई, 'बेटा दयाशंकर!' मैं एकदम चौंककर इधर-उधर देखने लगा। फिर मुझे लगा कि आवाज तो मूर्ति में से आई थी। मैं डर गया लेकिन फिर हिम्मत जुटाकर कहा :

'कहिए बापू क्या आदेश है मेरे लिए?' तो गाँधी जी एकदम शान्त भाव लिए बगैर हिले-डुले बोले, 'बेटा दयाशंकर, तुम मेरी देश की निराश जनता के लिए कुछ करो। मेरी ये जनता बड़ी भोली-भाली है। उसे रास्ता दिखाओ। अपनी असलियत को पहचानो...तुम कोई मामूली क्लर्क नहीं। तुम नेपाल के राजा हो।' मैं हैरान-सा मूर्ति की ओर देखता रहा और फिर लड़खड़ाते पैरों से घर वापस आ गया। और सोचता रहा कि मैं नेपाल का राजा कैसे हो सकता हूँ। लेकिन कुछ भी हो जाए अमेरिका का राष्ट्रपति झूठ बोल सकता है, लेकिन भारत के राष्ट्रपिता झूठ नहीं बोल सकते।

(चारपाई पर बैठकर)

मैं घण्टों कमरे में बैठा सोचता रहा...नेपाल के बारे में...शाम को मोरे आया तो उसने मुझसे गुस्से से कहा, 'क्या सारा दिन इधर ही बैठा रहा?' मैं कुछ नहीं बोला। रात को खाना खाते वक्त

उसने फिर कहा, 'आँखें फाड़-फाड़ के खाने को देखता क्या है? ...खाना खा।' मुझे एकदम गुस्सा आ गया। मैंने अपनी खाने से भरी प्लेट जमीन पर पटक दी।

(जमीन पर प्लेट पटकने का अभिनय करता है और उठकर गुस्से में बाहर निकलकर पीछे को प्लैटफॉर्म टहलने लगता है।)

उसने मुझसे कुछ नहीं कहा। मैं चुपचाप कमरे से बाहर टहलता रहा और यही सवाल मुझे बार-बार परेशान करता रहा कि मैं नेपाल का राजा कैसे हो सकता हूँ? या शायद हो भी तो सकता हूँ।

(फेड आउट)

दिसम्बर 2

(दयाशंकर कुर्सी के ऊपर खड़े हो के दर्शकों के तरफ पीठ किए हुए नृत्य की जैसी कुछ मुद्राएँ करता है।)

आज विजय का बहुत बड़ा दिन है। नेपाल का एक राजा है वो आखिरकार मिल ही गया। और वो राजा मैं हूँ। ये मुझे आज ही पता चला। सच कहूँ अचानक एक बिजली-सी चमकी और पानी की तरह सब साफ हो गया। कमाल है मैं इतने दिनों ये कैसे सोचता रहा कि मैं एक लोअर डिवीजन क्लर्क हूँ। इतनी बेवकूफी की बात कैसे मेरे दिमाग में आई? सबसे पहले मैंने मोरे को बताया कि मैं कौन हूँ। जब उसे पता चला कि नेपाल का राजा उसके सामने खड़ा है तो उसके चेहरे का रंग उड़ गया। जैसे उसकी नानी मर गई हो। मैंने बहुत प्यार से कहा, 'डरो मत मोरे। मैं तुम्हारा दोस्त हूँ। मेरा दिल बहुत बड़ा है। आज मैं राजा बन गया हूँ तो क्या? चाहे तुमने मेरे साथ कई बार बुरा सलूक किया हो, फिर भी मैं अपने राजा होने का फायदा नहीं उठाऊँगा।' लेकिन मेरे समझाने का उस पर क़ोई असर नहीं हुआ और वो गिरता-पड़ता कमरे से बाहर निकल गया। आज

मैं ऑफिस नहीं गया। भाड़ में जाए वो सब। नहीं मेरे यारो, अब तुम मुझे वो सात-आठ हजार रुपए दिखाकर बहका नहीं सकते। बहुत कर ली मैंने तुम लोगों की उन सड़ी हुई फाइलों पर कलम घिसाई...धत...

(फेड आउट)

23 मारटोवर...दिन और रात के बीच...

(दयाशंकर कुछ देर कथक कली की मुद्रा में)

आज मैं बिना राजपुरोहित के अश्वमेघ यज्ञ कर रहा था। राजा बनने के लिए ये जरूरी होता है। आज मोरे न जाने क्यों कमरे में सोने नहीं आया। मैं राजा बन गया था लेकिन फिर भी कमरे में अकेले सोने में मुझे डर लगता था।

ऑफिस से आज एक क्लर्क मुझे पूछता हुआ आया और मुझसे कहने लगा, 'दयाशंकर साहब तीन हफ्ते से ऑफिस क्यों नहीं आ रहे हो?'

(दयाशंकर इतराकर उस क्लर्क की नकल करता है।)

'दयाशंकर साहब।' वो तो चला गया। फिर मैंने मजाक की तरह सोचा कि जरा आज इन लोगों की खिंचाई हो जाए। ऑफिस पहुँचा तो बड़े बाबू ने मुझे घूर के देखा कि मैं शायद उनके पास जाके माफी मागूँगा। लेकिन मैंने ऐसा कुछ नहीं किया। मैंने सिर्फ उसकी तरफ घूरती हुई नजर डाली और जाके अपनी मेज पर बैठ गया।

(मेज पर बैठता है)

और उस कमरे में हो रहे उस घटिया क्लर्की तमाशे को देखता रहा। फिर मैंने सोचा कि सालो अगर तुम लोगों को कहीं ये पता चल जाए कि तुम लोगों के बीच ऑफिस में कौन बैठा है? तब तुम लोग क्या करोगे? तुम्हारी तो जैसे नानी मर जाएगी...

सबसे ज्यादा मुझे तब मजा आया जब उन्होंने मेरे सामने

साइन करने के लिए एक कागज-कलम रखा। जाहिर है वो लोग यही सोच रहे होंगे कि मैं लिखूँगा—एल.डी.सी. दयाशंकर—सन ऑफ गिरजाशंकर, पोस्ट मडियापुर, जिला फर्रूखाबाद, यू.पी.—मैंने अदा के साथ धीरे-धीरे पैन उठाया और क्लर्कों वाली जगह नहीं बल्कि जहाँ एम.एल.ए. लिखा हुआ था, उस पर अपने साइन दे मारे। 'राजा कुँवर नारायण प्रताप सिंह, किंग ऑफ नेपाल।' सब ऐसे सहम गए जैसे उन्हें साँप सूँघ गया हो। लेकिन मैंने उनको कुछ नहीं कहा। सिर्फ हाथ उठाके जरा-सा हिलाया और कहा—

(खड़े होकर और एक हाथ उठाकर)

'ठीक है, अब आप लोग जा सकते हैं। ज्यादा वफादारी दिखाने की जरूरत नहीं है।' ये कहकर मैं बाहर निकल गया। जब मैं खड़ा हुआ तो सब लोग दो-दो फीट पीछे हट गए।

वहाँ से सीधा मैं एम.एल.ए. साहब के घर गया। वो घर पर नहीं थे। पहले तो मुझे वॉचमैन अन्दर जाने नहीं दे रहा था लेकिन जब मैंने उसको बताया कि मैं कौन हूँ तो वो डरकर पीछे हट गया। मैं सीधा सोनियाँ के कमरे में पहुँच गया। वो आईने के सामने बैठी हुई थी। मुझे देखकर जोर से चिल्लाई और पीछे हटने लगी। ...खैर मैंने उसको नहीं बताया कि मैं नेपाल का राजा हूँ। सिर्फ इतना ही कहा कि 'एक ऐसी खुशी उसका इन्तजार कर रही है जिसकी उसने कल्पना भी न की होगी।' और ये कि 'हम दोनों दुश्मन दुनिया की चालों के बावजूद बहुत जल्द एक होने वाले हैं।' फिर मुझे लगा कि मैं काफी बोल गया। मैं वहाँ से निकल गया।

असल में औरतों में पैसों की हवस बहुत होती है। और ये पैसे की हवस शुरू होती है एक छोटे से बुलबुले से...और उस बुलबुले के अन्दर सुई की नोंक के बराबर एक छोटा-सा कीड़ा होता है। ये कीड़ा भारत हेयर कटिंग सैलून के नाई ज्ञानेश्वर के सिर से निकला है जो इस समय नेपाल में बाल काट रहा है। खच्च खच्च खच्च...

(फेड आउट)

(फटी हुई बैडशीट गाउन की तरह पहनकर और कुर्सी के ऊपर खड़े होकर)

आज मैंने ये राजसी कपड़े खुद बनाए। क्योंकि दर्जी लोग पैसे भी ज्यादा लेते हैं और कपड़ा भी मार लेते हैं। और फिर वैसा बनाते भी नहीं जैसा कि हमें चाहिए। इसीलिए मैंने अपनी राजसी पोशाक खुद बना ली। रात को भी मैं यही पहनकर सोता हूँ। लेकिन मुझे रात भर नींद नहीं आती। और मोरे भी पता नहीं क्यों आजकल सोने नहीं आता?...

सुबह के वक्त मैं सो रहा था कि अचानक कुछ खट की आवाज हुई। मैंने चुपके से एक आँख खोलकर देखा तो क्या देखता हूँ कि मोरे कमरे से अपना सूटकेस, तौलिया वगैरह लेकर चुपचाप धीरे से निकल रहा था। मैं एकदम उछलकर खड़ा हो गया और मैंने कहा, 'मोरे...मोरे...।' मोरे मुझे देखकर एकदम थर-थर काँपने लगा। मैंने कहा, 'मोरे मुझसे डरो मत...मैं तुम्हारा कोई नुकसान नहीं करूँगा...।' मोरे ने मेरी बात बिल्कुल नहीं सुनी और सूटकेस लेकर तेजी से भागा। मैं भी उसके पीछे भागा...मोरे...मोरे...मोरे...

(फेड आउट)

काठमांडू 35–फेबरुवारील

(पागल कैदियोंवाले कपड़े पहने और हाथ-पाँव जंजीरों से बँधे होने का आभास होता है।)

मैं आज सुबह काठमांडू नेपाल पहुँच गया। सब कुछ इतनी जल्दी हुआ कि मुझे समझ में ही नहीं आया। आज सुबह-सुबह नेपाल सरकार का डेलीगेशन आया और मैं उनके साथ एक बड़ी-सी गाड़ी में बैठकर चल दिया। मुझे बड़ा अजीब लगा जब करीब एक घण्टे बाद मुझे बताया गया कि काठमांडू नेपाल आ गया। न तो हम ट्रेन में बैठे न हवाई जहाज में...? बड़ा अजीब-सा देश है नेपाल? पहला ही कमरा जिसमें मैं गया उसमें बहुत सारे

लोग बैठे हुए थे और सबके सब गंजे थे। मैं समझ गया कि ये नीचे तबके के सिपाही होंगे जिनके सिर मूँड देते होंगे। फिर मुझे एक मन्त्री ने धक्का दिया और चिल्लाकर बोला, 'बैठ यहाँ। अब अगर एक बार भी तूने अपने आपको नेपाल का राजा कहा तो मैं तेरे सिर पे ऐसा डंडा लगा दूँगा कि ये बकवास तेरे सिर से हमेशा के लिए बाहर निकल जाएगी।'...लेकिन मैं ये समझ गया कि ये कोई राजसी परीक्षा है।

मैंने उसकी बात नहीं सुनी और लगातार कहता रहा कि मैं नेपाल का राजा हूँ—मैं नेपाल का राजा हूँ। सुना तुम लोगों ने मैं नेपाल का राजा हूँ। उसने मेरी पीठ पर इतनी जोर से डंडा मारा कि मेरी चीख निकल गई...आह...मुझे मारने के बाद वो मन्त्री बाहर चला गया। उसके जाते ही मैंने अपना काम शुरू कर दिया। मैंने पता लगा लिया था कि कल का दिन बहुत महत्त्वपूर्ण है। क्योंकि कल एक अनोखी घटना होने वाली है। वो ये कि धरती चाँद पर उतरने वाली है। आप लोगों को पता ही होगा कि चाँद हमारे वृंदावन में बृजवासी की दुकान में बनता है। फिर भी मुझे चाँद की चिन्ता थी। मैं सोचने लगा कि ये हमारी धरती इतने सारे खराब लोगों के साथ, इतनी गन्दगी के साथ मिट्टी-धूल और ट्रैफिक के साथ उस अच्छे से प्यारे से चाँद पर उतरेगी? उस सच्चे चाँद पर उतरेगी जो कितना साफ है, गोरा है, सुन्दर है, सच्चा है—वो चाँद भी खराब हो जाएगा। मैंने जोर-जोर से चिल्ला के कहना शुरू किया, 'भाइयो और बहिनो, चाँद को बचाओ ऽ ऽ धरती उस पर उतरने वाली है ऽ ऽ भाइयो, चाँद को बचाओ ऽ ऽ अरे कोई चाँद को बचाओ ऽ ऽ कल रात उस पर धरती उतरने वाली है ऽ ऽ चाँद को बचाओ ऽऽ धरती उस पर उतरने वाली है।'

मेरी आवाज सुनकर महामन्त्री अन्दर आए। उनको देखकर सब लोग भाग गए लेकिन चूँकि मैं राजा था अपनी जगह पर खड़ा रहा। मेरी हैरानी की हद तब हो गई जब महामन्त्री ने जोर से एक डंडा मेरे सिर पे मारा।...आह...इससे ये साबित हो गया कि नेपाल के

राजसी रीति-रिवाज कितने महान और अटल हैं...

(फेड आउट)

जेनुरुगली जो इस साल के फेबरुराली के पहले आ गई थी

(दयाशंकर एक लोहे के ड्रम में सिर डाले हुए है जिसकी लम्बाई 4 फीट और गोलाई 2 फीट है। दयाशंकर ड्रम में सिर डाले हुए इधर-उधर खिसकाते हुए बोलता है।)

अब तक नेपाल मेरे लिए एक रहस्य बना हुआ था। आज उन्होंने जबरदस्ती मेरे सिर के...

(अपना गंजा सिर ड्रम से बाहर निकालकर)

बाल मूँड दिए...हालाँकि मैं जोर-जोर से चिल्ला रहा था कि मैं साधू नहीं बनना चाहता। फिर उन्होंने कई बाल्टी बर्फ जैसा ठण्डा पानी मेरे सिर पे डाला। मैं पागलों की तरह चिल्लाने लगा। भागने-दौड़ने लगा *(भागता है)* जैसे मुझ पर कोई दौरा पड़ गया हो। वो बीस-तीस लोग पकड़ भी मुझे संभाल नहीं पा रहे थे ...ये सब क्या था?...और मुझसे पहले के राजाओं ने इन सब घटिया रीति-रिवाजों को रुकवाया क्यों नहीं? उन सब लोगों ने मुझे पकड़कर एक जगह लिटाया और फिर जीवन में पहली बार मुझे करण्ट लगाया...बिजली का...ह...जू...ज्यू...हि...अ...ज...ज्यू. ..झू...मुझे बहुत तकलीफ हुई उससे...*(गिर पड़ता है)*

(फेड आउट)

25 और सिर्फ़ 25

आज महामन्त्री मेरे कमरे में आया लेकिन मैंने जैसे ही उसके जूते की आहट सुनी तो मैं मेज के नीचे छुप गया।

(मेज के नीचे छिपता है)

पहले उसने मेरा नाम पुकारा 'दयाशंकर'। मैंने जवाब नहीं दिया। फिर उसने कहा—'ओए क्लर्क के बच्चे, बाहर निकल।'

फिर भी मैं नहीं बोला। फिर उसने बड़े प्रेम और सम्मान के साथ कहा, 'नेपाल के महाराजाधिराज बाहर आइए।' मैं बाहर आने ही वाला था कि मैं रुक गया...नहीं बेटा, तुम इस तरह मुझे बेवकूफ नहीं बना सकते...मुझे अच्छी तरह मालूम है कि तुम मेरे सिर पे बर्फ का पानी डालोगे...फिर भी उसने मुझे ढूँढ ही लिया और मार-मारकर मेज के बीच में से घसीटकर बाहर निकाला और फिर जोर से डंडा मेरे सिर पर मारा...आह...लेकिन मेरा सारा दर्द इस बात की खुशी से कम हो गया था कि मैंने ये जानकारी हासिल कर ली थी कि नेपाल की रानी के बाएँ कूल्हे पर एक तिल है। बिल्कुल वैसा ही जैसा कि मेरी सोनियाँ के बाएँ कूल्हे पर था। अब आप सोचेंगे कि मुझे ये बात कैसे पता चली...तो मैं आपको बताऊँ..? बताऊँ आपको कि ये बात मुझे कैसे पता चली...? बताऊँ? ठेंगा...

(फेड आउट)

रूप-ऐरी 349 से लैके 34 तलक

नहीं...नहीं...अब मुझमें बर्दाश्त करने की और ताकत नहीं है। हे भगवान... ये मेरे साथ क्या कर रहे हैं? सुबह-शाम मेरे सिर पे ठण्डा पानी डालते हैं। न मेरी कोई बात सुनते हैं न मेरे पास आते हैं। मैंने इनका क्या बिगाड़ा है? ये मुझपे इतना जुल्म क्यों कर रहे हैं?...इन्हें मेरे जैसे मामूली इन्सान से क्या चाहिए? मेरी खोपड़ी के अन्दर जैसे एक आग सुलग रही है...और चक्कर आते रहते हैं...बचा लो मुझे...कोई मुझे कहीं ले जाओ...मुझे मेरे गाँव की गाड़ी में बिठा दो मैं अपने गांव जाना चाहता हूँ...छुक-छुक छुक-छुक तेज और तेज...मेरे गाँव की तरफ दूर...दूर...यहाँ से बहुत दूर जहाँ मेरा गाँव है गंगा जी के किनारे। जंगल, पहाड़, शहर सब पार करते हुए...एक हल्की नीली चाँदनी पूरे गाँव पर छाई है...बैलगाड़ी की धीमी चाल...ठण्डी पुरवइया। गाँव के एक तरफ गंगा जी हैं...और दूसरी तरफ नेपाल और वो वहाँ बीच

में फर्रुखाबाद, मेरा गाँव...वो रात को ठण्डे चाँद की रोशनी में मेरा घर दिख रहा है।...और आँगन के बीच में चारपाई पर बैठी दाल चुनती मेरी अम्मा...अम्मा...अपने बेटे को बचा ले...अम्मा हमें अपने आंचल में छुपा ले...हमका कहीं लुकाय ले...अम्मा ...ई सब लोग हमका मिलके मार डरि हैं...हमका बचाय ले...अम्मा...का तू हमका भूल गई...? तू हमका...कित्ता प्यार करत रही...हमका अपने हाथन से खाना खिलात रही...

हरा समन्दर गोपी चन्दर
बोल मोरे लल्ला कित्ता पानी...
बोल मेरे बिटुआ कित्ता पानी...
इत्ता पानी...इत्ता पानी...इत्ता पानी

अरे अम्मा तू काहे नहीं बोलती है...

हमका बचाय ले अम्मा...अम्मा...अपने दयाशंकर पर दया कर...अम्मा...

(फेड आउट)

●●●